Commentaire

Par Natacha Cerf

Pensées

Fragments 425 et 430 : le divertissement

Pascal

lePetitPhilosophe.fr

PASCAL

PHILOSOPHE ET SCIENTIFIQUE FRANÇAIS

- **Né en 1623 à Clermont-Ferrand**
- **Décédé en 1662 à Paris**
- **Quelques-unes de ses œuvres :**
  - *Les Provinciales* (correspondances, 1656-1657)
  - *De l'esprit géométrique et de l'art de persuader* (1658)
  - *Pensées* (1670)

Blaise Pascal est **un homme de lettres, un scientifique et un théologien**. Dès son plus jeune âge, il se distingue par une intelligence hors normes. Adolescent, il compose un traité des sons puis un essai sur les coniques et, à l'âge de dix-neuf ans, il invente la machine arithmétique à calculer. En 1654, Pascal est victime d'un accident de carrosse qui lui fait prendre **conscience de la fragilité de la vie**. L'incident marque le début de ses préoccupations religieuses. Son idéal chrétien le fait renoncer aux sciences : il se consacre alors à la **réflexion philosophique et religieuse**, et rédige *Les Provinciales*, dix-huit lettres de défense des thèses jansénistes.

Blaise Pascal a grandement influencé la méthode scientifique, les théories économiques et les sciences sociales. Il décède de maladie sans avoir vu publier les *Pensées*, son œuvre majeure.

PENSÉES

L'ŒUVRE D'UN MORALISTE ET D'UN THÉOLOGIEN

Œuvre posthume de Pascal publiée en **1670**, les *Pensées* sont **rassemblées après sa mort**. Le texte répond à une volonté de démontrer que **l'homme ne peut trouver la paix intérieure et le bonheur véritable qu'en acceptant d'être touché par la grâce de Dieu**. L'homme sans Dieu est misérable et fini alors que Dieu est toute-puissance et infini.

La politique, l'homme et le souverain Bien sont les grands thèmes abordés dans l'œuvre par le philosophe théologien. Les échos pascaliens dans la modernité sont nombreux et l'actualité de ses réflexions permanente.

MISE EN CONTEXTE

LA NAISSANCE DE LA FOI

Dans la famille de Pascal, tout le monde est croyant, d'une foi sincère mais tiède. Ce n'est qu'en **1646** que Pascal vit sa « **première conversion** » lorsque les frères Deschamps, appelés au chevet de son père pour sa jambe démise, transmettent à la famille **l'idéologie augustinienne**. Sa sœur Jacqueline entre alors en 1652 dans la communauté religieuse de Port-Royal, qui applique la pensée de saint Augustin (354-430) dans sa version la plus sévère et la plus intransigeante : les clercs, théologiens, savants et laïcs que le couvent abrite mènent une vie extrêmement simple et austère.

La « **seconde conversion** » de Pascal survient une nuit de **1654** après un coma dû à un **accident de calèche**. À son réveil, le savant décrit une **expérience mystique**. Pascal clame avec passion sa foi nouvelle et se consacre définitivement à la religion. Il se rend quelque temps à Port-Royal, dont il embrasse la cause, bien qu'il n'ait jamais officiellement été membre de la communauté. C'est à cette époque qu'il commence à travailler à son **grand projet d'*Apologie de la religion chrétienne*.**

BON À SAVOIR

L'abbaye de **Port-Royal** fut le foyer du **jansénisme**, une doctrine catholique inspirée de saint Augustin et issue des travaux du théologien hollandais Jansénius (1585-

1638). Celui-ci restaure la toute-puissance de Dieu, ainsi que les théories de la grâce et de la prédestination de l'homme. Ce courant suscita de violentes querelles théologiques durant tout le XVIIe siècle et fut l'objet d'une répression implacable de la part de l'autorité royale.

LA NAISSANCE DE L'ŒUVRE

Pascal n'a jamais écrit un livre s'intitulant **Pensées**. Ce sont les éditeurs qui ont présenté les brouillons épars que l'auteur a laissés sous la forme d'une œuvre complète en grande partie constituée des **documents préparatoires à la rédaction de l'*Apologie de la religion chrétienne***. Cette œuvre nouvelle construite sur les ruines de l'*Apologie* est donc autant de leur main que de celle de Pascal. D'après les éditeurs, le théologien annonçait lui-même une volonté de présentation délibérément discontinue sous la forme d'un recueil de maximes. Cependant, il n'est pas exclu que cette annonce soit en réalité celle des éditeurs.

Pascal a hâtivement griffonné ses idées sur des feuillets pour échapper à la fugacité de ses pensées en les figeant. Les *Pensées* témoignent donc d'une **écriture de l'urgence, symptôme du drame humain qu'est l'horrible écoulement du temps et des choses**. Ce recours au « bloc-notes » explique le caractère télégraphique de l'œuvre. Ce n'est encore qu'une esquisse, une promesse de discours.

Les proches de l'écrivain ont découvert à sa mort des dossiers emplis de feuillets et cousus par un fil. Des thèmes ont pu en être dégagés sans pour autant qu'on puisse conclure aux parties effectives d'un plan envisagé : peut-être n'était-ce là qu'une méthode de classement personnel. L'entourage de Pascal a **d'abord** décidé de **recopier les liasses à l'identique**, mais, en un siècle où l'on n'avait que dédain pour les formes décousues, le texte était impubliable tel quel. En **1670**, la décision d'une **édition sélective et corrigée** a donc été prise : l'édition de Port-Royal, une version trop épurée qui escamote la syntaxe si personnelle de l'écrivain, son audace, de même que certains passages clés de son argumentation. Au **XIXe siècle**, une **édition enfin intégrale des _Pensées_** a été réclamée. Néanmoins, bien qu'exhaustives, les éditions modernes restent des interprétations personnelles des éditeurs sur la reconstitution de l'ordre des fragments. Les _Pensées_ est **donc une œuvre incertaine, mouvante et malléable** qui ne peut plus être que coulée dans le moule de ses interprètes.

L'AUGUSTINISME

L'influence du philosophe et théologien chrétien **saint Augustin** sur l'œuvre de Pascal est grande. Celui-ci reprend de l'évêque une grande partie de sa **conception noire et tragique de la religion** :

- le péché originel est la racine de la corruption irréversible du genre humain ;
- l'homme est en effet conçu comme un pantin manipulé par les trois sortes de concupiscence : curiosité, orgueil et luxure ;

- la morale augustinienne préconise alors le seul souci de Dieu contre les vanités de la science, une humilité profonde contre l'aspiration au pouvoir et l'abstinence absolue comme remède aux tentations de la chair ;
- la vraie certitude se trouve dans la foi et non dans la raison.

Pascal ne dit pas autre chose. Il défend un christianisme coulé dans la terreur et la restriction qui n'assure le salut qu'à très peu d'individus, élus d'une loterie par la grâce divine. La prédestination de l'homme est tragique : en effet, peu importent ses actes, il ne maitrise pas son devenir.

FRAGMENTS 425 ET 430 : LE DIVERTISSEMENT

Fragment 425

— Tous les hommes recherchent d'être heureux ; cela est sans exception ; quelques différents moyens qu'ils y emploient, ils tendent tous à ce but. Ce qui fait que les uns vont à la guerre et que les autres n'y vont pas est ce même désir, qui est dans tous les deux, accompagné de différentes vues. La volonté [ne] fait jamais la moindre démarche que vers cet objet. C'est le motif de toutes les actions de tous les hommes, jusqu'à ceux qui vont se pendre. Et cependant, depuis un si grand nombre d'années, jamais personne, sans la foi, n'est arrivé à ce point où tous visent continuellement. Tous se plaignent ; princes, sujets ; nobles, roturiers ; vieux, jeunes ; forts, faibles ; savants, ignorants ; sains, malades ; de tous pays, de tous les temps, de tous âges et de toutes conditions.

Une épreuve si longue, si continuelle et si uniforme, devrait bien nous convaincre de notre impuissance d'arriver au bien par nos efforts ; mais l'exemple nous instruit peu. Il n'est jamais si parfaitement semblable, qu'il n'y ait quelque délicate différence ; et c'est de là que nous attendons que notre attente ne sera pas déçue en cette occasion comme en l'autre. Et ainsi, le présent ne nous satisfaisant jamais, l'expérience nous pipe, et de malheur en malheur, nous conduit jusqu'à la mort, qui en est un comble éternel.

Qu'est-ce donc que nous crie cette avidité et cette impuissance, sinon qu'il y a eu autrefois dans l'homme un véritable bonheur, dont il ne lui reste maintenant que la marque et la trace toute vide, et qu'il essaie inutilement de remplir de tout ce qui l'environne, recherchant des choses absentes le secours qu'il n'obtient pas des présentes, mais qui en sont toutes incapables, parce que ce gouffre infini ne peut être rempli que par un objet infini et immuable, c'est-à-dire que par Dieu même ?

Lui seul est son véritable bien ; et depuis qu'il l'a quitté c'est une chose étrange, qu'il n'y a rien dans la nature qui n'ait été capable de lui en tenir la place : astres, ciel, terre, éléments, plantes, choux, poireaux, animaux, insectes, veaux, serpents, fièvre, peste, guerre, famine, vices, adultère, inceste. Et depuis qu'il a perdu le vrai bien, tout également peut lui paraître tel, jusqu'à sa destruction propre, quoique si contraire à Dieu, à la raison et à la nature tout ensemble.

Fragment 430

— Les grandeurs et les misères de l'homme sont tellement visibles, qu'il faut nécessairement que la véritable religion nous enseigne et qu'il y a quelque grand principe de grandeur en l'homme, et qu'il y a un grand principe de misère. Il faut donc qu'elle nous rende raison de ces étonnantes contrariétés.

Il faut que, pour rendre l'homme heureux, elle lui montre qu'il y a un Dieu ; qu'on est obligé de l'aimer ; que notre unique félicité est d'être en lui, et notre unique mal d'être séparé de lui ; qu'elle reconnaisse que nous sommes pleins de ténèbres qui nous empêchent de le connaître et de l'aimer ; et qu'ainsi nos devoirs nous obligeant d'aimer Dieu, et nos concupiscences nous en détournant, nous sommes pleins d'injustice. Il faut qu'elle nous rende raison de ces oppositions que nous avons à Dieu et à notre propre bien. Il faut qu'elle nous enseigne les remèdes à ces impuissances, et les moyens d'obtenir ces remèdes. Qu'on examine sur cela toutes les religions du monde, et qu'on voie s'il y en a une autre que la chrétienne qui y satisfasse.

Sera-ce les philosophes qui nous proposent pour tout bien les biens qui sont en nous ? Est-ce là le vrai bien ? Ont-ils trouvé le remède à nos maux ? Est-ce avoir guéri la présomption de l'homme que de l'avoir mis à l'égal de Dieu ? Ceux qui nous ont égalés aux bêtes, et les mahométans qui nous ont donné les plaisirs de la terre pour tout bien, même dans l'éternité, ont-ils apporté le remède à nos concupiscences ? Quelle religion nous enseignera donc à guérir l'orgueil et la concupiscence ? Quelle religion enfin nous enseignera notre bien, nos devoirs, les faiblesses qui nous en détournent, la cause de ces faiblesses, les remèdes qui les peuvent guérir, et le moyen d'obtenir ces remèdes ?

Toutes les autres religions ne l'ont pu. Voyons ce que fera la sagesse de Dieu.

[...]

Dieu a voulu racheter les hommes, et ouvrir le salut à ceux qui le cherchaient. Mais les hommes s'en rendent si indignes qu'il est juste que Dieu refuse à quelques-uns, à cause de leur endurcissement, ce qu'il accorde aux autres par une miséricorde qui ne leur est pas due. S'il eût voulu surmonter l'obstination des plus endurcis, il l'eût pu, en se découvrant si manifestement à eux qu'ils n'eussent pu douter de la vérité de son essence, comme il paraîtra au dernier jour, avec un tel éclat de foudre et un tel renversement de la nature, que les morts ressuscités et les plus aveugles le verront.

Ce n'est pas en cette sorte qu'il a voulu paraître, dans son avènement de douceur ; parce que tant d'hommes se rendant indignes de sa clémence, il a voulu les laisser dans la privation du bien qu'ils ne veulent pas. Il n'était donc pas juste qu'il parût d'une manière manifestement divine, et absolument capable de convaincre tous les hommes ; mais il n'était pas juste aussi qu'il vînt d'une manière si cachée qu'il ne pût être reconnu de ceux qui le chercheraient sincèrement. Il a voulu se rendre parfaitement connaissable à ceux-là ; et ainsi, voulant paraître à découvert à ceux qui le cherchent de tout leur cœur, et caché à ceux qui le fuient de tout leur cœur, il tempère sa connaissance, en sorte qu'il a donné des marques de soi visibles à ceux qui le cherchent, et non à ceux qui ne le cherchent pas.

Il y a assez de lumière pour ceux qui ne désirent que de voir, et assez d'obscurité pour ceux qui ont une disposition contraire.

PASCAL (Blaise), *Pensées*, Paris, France Loisirs, coll. « Les grands écrivains choisis par l'Académie Goncourt », 1986.

EXPLICATION ET ANALYSE DU TEXTE

— Tous les hommes recherchent d'être heureux ; cela est sans exception ; quelques différents moyens qu'ils y emploient, ils tendent tous à ce but.

Chacun veut accéder au bonheur véritable et à la quiétude de l'esprit. À cette fin, l'homme se consacre à toute une série d'activités, qu'elles soient sérieuses ou récréatives. Pour Pascal, ce déploiement furieux d'occupations a pour but de fuir l'idée d'une mort prochaine. **Incapable d'assumer sa condition misérable et mortelle, l'homme tente de l'oublier par un foisonnement de divertissements**.

LA MISÈRE DE L'HOMME

Le péché originel

Le caractère misérable de l'homme provient du péché originel. Avant la chute, l'homme était proche de Dieu et rendu digne par lui qui le plaçait au centre de la création. Cette situation n'est plus, mais elle est inscrite en l'homme : il en a l'instinct. Il est comme jeté dans un coin de l'univers, tombé sur la terre sans savoir ni comment ni pourquoi. Sa seule certitude est la mort. L'être n'est dès lors plus que dépendance, abandon, ennui et néant. Si rien ne le détourne d'y penser, l'homme cède donc au désespoir et à l'angoisse. Il cherche alors à combler **le vide creusé par le bonheur immuable et infini qu'il a jadis connu au paradis**.

La recherche du divertissement

Le divertissement est **la réponse médiocre à la volonté d'échapper à la misère** et il confirme la condition malheureuse de l'homme. En effet, si celui-ci était heureux, il n'aurait pas besoin de se détourner de sa pensée en se divertissant. Sans divertissement, l'homme sombre dans l'ennui, puis dans le désespoir absolu. Mais **cette solution indigne ne fait que masquer le problème sans jamais le résoudre**, elle est foncièrement inefficace :

Et cependant, depuis un si grand nombre d'années, jamais personne, sans la foi, n'est arrivé à ce point où tous visent continuellement. Tous se plaignent ; princes, sujets ; nobles, roturiers ; vieux, jeunes ; forts, faibles ; savants, ignorants ; sains, malades ; de tous pays, de tous les temps, de tous âges et de toutes conditions.

Le divertissement pascalien est comparable au refoulement freudien (Sigmund Freud, 1856-1939). Tous deux sont des tentatives d'oubli de pensées douloureuses qui finissent forcément par un échec : les idées dérangeantes reviennent toujours, entrainant avec elles de nombreux tourments. Pascal veut dénoncer cette forme d'aveuglement qu'est le divertissement. Hors Dieu, il n'y a pas d'issue à l'angoisse de la vacuité. Une prolifération de faire ne compensera jamais la carence d'être.

Dieu comme seul source de bonheur

Qu'est-ce donc que nous crie cette avidité et cette impuissance, sinon qu'il y a eu autrefois dans l'homme un véritable bonheur, dont il ne lui reste maintenant que la marque et la trace toute vide, et qu'il essaie inutilement de remplir de tout ce qui l'environne, recherchant des choses absentes le secours qu'il n'obtient pas des présentes, mais qui en sont toutes incapables, parce que ce gouffre infini ne peut être rempli que par un objet infini et immuable, c'est-à-dire que par Dieu même ?

Si aucun divertissement ne parvient à satisfaire l'homme, c'est parce que sa première nature innocente avant la chute, toute de bonheur véritable, a laissé en lui un gouffre éternel et infini qui ne peut être rempli que par un objet jouissant des mêmes qualités, à savoir Dieu lui-même. **Le divin est donc seul capable d'apporter la félicité** :

- d'une part, parce qu'il est le seul à être immuable et infini, digne de combler le manque de félicité ;
- d'autre part, parce qu'il est l'Unique ayant la possibilité d'offrir le don de l'unité à l'homme, c'est-à-dire de le rendre capable de comprendre sa double nature, qui est à la fois de grandeur et misère : « [...] Il faut nécessairement que la véritable religion nous enseigne et qu'il y a quelque grand principe de grandeur en l'homme, et qu'il y a un grand principe de misère. Il faut donc qu'elle nous rende raison de ces étonnantes contrariétés. »

LES REMÈDES INEFFICACES

Les autres religions

Les *Pensées* témoignent également du système de croyances du XVIIe siècle. **La religion** exerce à l'époque une emprise énorme sur les esprits : **elle impose partout ses lois et oriente la pensée**. Les autorités ecclésiastiques contrôlent les œuvres publiées et régissent la censure : leur puissance est considérable. On brule et on traque encore les hérétiques au nom de la pensée unique. C'est un **christianisme nettement plus sombre que celui d'aujourd'hui, où la peur de Dieu est centrale**. Les autres religions sont dédaignées et tournées en ridicule. On peut le constater dans ces extraits :

> Qu'on examine sur cela toutes les religions du monde, et qu'on voie s'il y en a une autre que la chrétienne qui y satisfasse.
>
> Ceux qui nous ont égalés aux bêtes, et les mahométans qui nous ont donné les plaisirs de la terre pour tout bien, même dans l'éternité, ont-ils apporté le remède à nos concupiscences ?
>
> Quelle religion enfin nous enseignera notre bien, nos devoirs, les faiblesses qui nous en détournent, la cause de ces faiblesses, les remèdes qui les peuvent guérir, et le moyen d'obtenir ces remèdes ? Toutes les autres religions ne l'ont pu.

Pascal considère donc **le christianisme comme l'unique système de croyances efficace** et rejette toute possibilité de coexistence avec d'autres confessions. Il l'explique par le fait que le christianisme est le seul système philosophique à rendre compte globalement des deux aspects contradictoires de la double nature de l'homme (sa misère et sa grandeur) : c'est **la seule doctrine qui explique le tout**.

La philosophie

Sera-ce les philosophes qui nous proposent pour tout bien

les biens qui sont en nous ? Est-ce là le vrai bien ? Ont-ils trouvé le remède à nos maux ? Est-ce avoir guéri la présomption de l'homme que de l'avoir mis à l'égal de Dieu ?

Les philosophes sont inaptes autant à trouver le bien qu'à trouver le vrai :

- ils bafouent le bien en se mesurant à l'univers infini avec orgueil ;
- ils maltraitent la vérité en se jetant soit dans la présomption d'un savoir absolu, soit dans le doute généralisé, qui amène au désespoir.

Pascal reproche aux philosophes leur prétention à se mesurer au tout par la raison. Il dénonce, par exemple, le stoïcisme d'Épictète (vers 50-125), qui ne voit que la grandeur de l'homme, ou le scepticisme de Montaigne (1533-1592) qui ne voit que sa misère. Le problème se situe une fois de plus dans l'incapacité à rendre compte des contrariétés intrinsèques à l'homme. L'un ne connait que sa dignité, l'autre ne considère que son impuissance. **Le christianisme dépasse les philosophies par la dialectique grâce à une saisie unifiante des thèses.** Ceci n'est possible que dans le message religieux de l'Évangile : la vérité trouve son fondement dans la transcendance. Les vérités incompatibles dans les doctrines humaines s'accordent grâce à la vérité de l'Évangile. Plus encore, l'homme n'est pas au milieu, mais simultanément très haut et très bas. La morale chrétienne est une correction permanente qui abaisse les hommes orgueilleux et élève l'homme humilié.

BON À SAVOIR

Le **stoïcisme** est un courant philosophique fondé par Zénon de Citium (vers 335-264 av. J.-C.). Il s'agit avant tout d'une doctrine morale proposant des règles de vie propres à atteindre bonheur et sagesse :

- d'une part, l'homme doit vivre en harmonie avec la nature en maitrisant ses passions qui épuisent l'âme en vain ;
- d'autre part, il doit accepter que tout ce qui arrive doit arriver. En effet, tout est écrit d'avance. Cet assentiment au destin apporte au stoïcien la liberté et la paix de l'âme (ce qu'on appelle l'ataraxie), et lui permet de vivre parmi les hommes en acceptant la place qui lui est assignée.

BON À SAVOIR

Le **scepticisme** est un courant philosophique fondé par Pyrrhon (vers 365-275 av. J.-C.). Celui-ci considère que la pensée humaine est incapable de trouver la vérité absolue. Par conséquent, il recommande de suspendre son jugement et de ne jamais abandonner la recherche de la vérité en prétendant être parvenu à une vérité certaine. Cette philosophie a pour but d'atteindre l'ataraxie, un état de quiétude absolu obtenu suite à la suspension du jugement qui permet de mettre de côté les fausses croyances. En effet, les sceptiques considèrent que les convictions de l'homme paralysent l'action. Ainsi, en se détachant de nos croyances et de nos connaissances dogmatiques, il devient possible de mener une vie libérée des troubles.

Le divertissement

Enfin, comme nous l'avons déjà vu, Pascal juge que les divertissements sont également inefficaces. En ce sens, ils doivent être fuis.

LA CONNAISSANCE DE DIEU

Ce n'est pas en cette sorte qu'il a voulu paraître, dans son avènement de douceur ; parce que tant d'hommes se rendant indignes de sa clémence, il a voulu les laisser dans la privation du bien qu'ils ne veulent pas. Il n'était donc pas juste qu'il parût d'une manière manifestement divine, et absolument capable de convaincre tous les hommes ; mais il n'était pas juste aussi qu'il vînt d'une manière si cachée qu'il ne pût être reconnu de ceux qui le chercheraient sincèrement.

Pascal retient des Écritures le Dieu grand, puissant et terrible. C'est un être universel capable de vous perdre à tout instant. Il est à la fois menace du châtiment et consolation. Dieu est autant douceur, amour et charité que vengeance et terreur. **Il est caché aux yeux de la raison ou de l'âme mais pas entièrement : il se laisse entrevoir sans paraitre tout à fait**. Cette dissimulation partielle de Dieu trie les hommes entre ceux de l'élite et ceux de la masse aveugle. Ceux qui le cherchent en toute sincérité le trouvent, mais il reste caché à ceux qui ne le cherchent pas. Désirer Dieu, c'est donc déjà le posséder. Cependant, même l'homme qui n'est pas visité par la grâce de Dieu, qui ne reçoit pas de Dieu le don de la foi (qui ne peut s'appréhender par la raison), peut se préparer intérieurement à devenir chrétien en vivant extérieurement comme tel. Dieu pourrait dans ce cas octroyer sa grâce *in fine*. Néanmoins, en suivant en cela le courant de pensée augustinien, le penseur affirme que tous les hommes ne seront pas sauvés.

Votre avis nous intéresse !
Laissez un commentaire sur le site de votre librairie en ligne
et partagez vos coups de cœur sur les réseaux sociaux !

POUR ALLER PLUS LOIN

- 20 -

- PASCAL (Blaise), *Pensées*, Paris, France Loisirs, coll. « Les grands écrivains choisis par l'Académie Goncourt », 1986.

Rendez-vous sur lepetitphilosophe.fr et découvrez :

Plus de 1200 analyses
Claires et synthétiques
Téléchargeables en 30 secondes
À imprimer chez soi

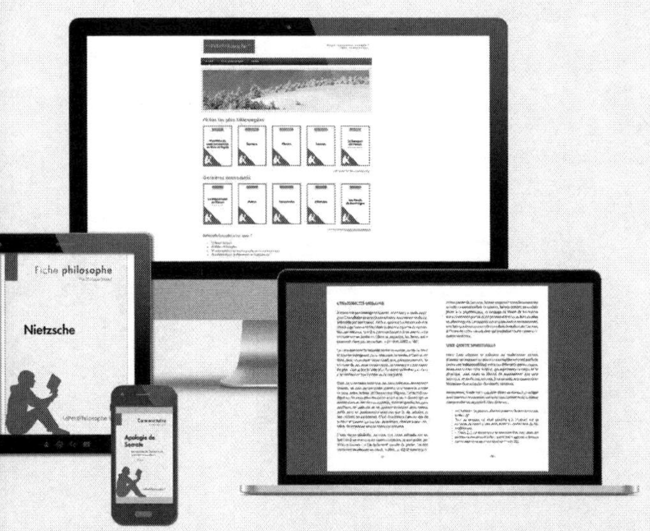

www.lepetitphilosophe.fr

ISBN version numérique : 978-2-8062-4570-0
ISBN version papier : 978-2-8080-0124-3
Dépôt légal : D/2017/12603/508

Conception numérique : Primento,
le partenaire numérique des éditeurs.

Made in the USA
Monee, IL
07 July 2026